# RAPPORT

# RAPPORT

Monsieur,

Nous avons recherché sur la série officielle des prix de la Ville de Paris, dressée en 1880, toutes les carrières qui nous ont paru répondre, aussi complètement que possible, aux besoins de la construction.

Nous les avons visitées avec le plus grand soin. Nous les avons étudiées sous le rapport de leur production actuelle et du développement possible et immédiat de leur exploitation. Et nous venons aujourd'hui vous rendre compte des résultats de notre examen.

A défaut de programme qui nous ait été tracé, nous avons cru devoir diviser ce rapport en trois parties.

Dans la première, après avoir classé les carrières par région, nous avons considéré chacune d'elles isolément, tout en la rattachant au centre de production auquel elle appartient.

A l'aide des renseignements que les exploitants nous ont donnés sur place, nous avons pu, par un contrôle sérieux, déterminer le prix de revient du mètre cube de pierre au lieu d'emploi dans Paris, soit que le transport s'effectue par chemin de fer, soit qu'il ait lieu par voie navigable.

Dans la seconde, nous avons appliqué au nouveau produit annuel de l'exploitation le prix de revient du mètre cube que nous avons comparé au prix de vente d'après la série de la Ville de Paris de 1880, et nous en avons déduit, dans un premier tableau, le bénéfice net que réaliserait, dès la première année de sa constitution, une Société qui concentrerait, entre ses mains, le commerce des pierres de construction. Nous avons fait ressortir, dans un deuxième tableau, les bénéfices nets que chaque exploitant serait appelé à retirer de ses carrières, suivant qu'il est propriétaire du sol ou qu'il n'en est que le fermier, afin qu'on puisse établir, en toute connaissance de cause, la valeur de son apport à cette Société.

Dans la troisième, enfin, après nous être efforcé de justifier la nécessité d'un service spécial de camionnage dans Paris, nous avons résumé notre avis sous forme de conclusions.

## PREMIÈRE PARTIE

*État génér.al des pierres de taille.* — Les pierres de taille qui sont les plus demandées pour les ouvrages dépendant du service d'architecture du département de la Seine, pour les travaux publics et pour les constructions particulières dans Paris, sont, par numéro de taille, en suivant l'ordre de la série de prix de 1880 :

*Pierre compactes, susceptibles de poli, n° 1.*

Corgoloin (Côte-d'Or).

*Pierres compactes, susceptibles de poli, n° 2*

Souppes (Seine-et-Marne)
Belvoye (Jura).
Comblanchien (Côte-d'Or).

*Roches et liais très durs, nº 3.*

Tessancourt (Seine-et-Oise).
Damply (Seine-et-Oise).

*Roches et liais durs, nº 4*

Larrys du bief (Yonne).
La Sablière (Marly-la-Ville).
Anstrude (Yonne).
Saint-Maximin (Oise).
Vivières (Laversine) (Aisne).

*Roches et liais demi-durs, nº 5.*

Saint-Maximin, roche basse (Oise).
—          —    haute.
La Ferté-Milon (Aisne.)
Saillancourt (Seine-et-Oise).
Ravières (Yonne).
Euville (Meuse).
Lérouville (Meuse).

*Roches douces, bancs francs, bancs royaux durs, nº 6.*

La Ferté-Milon (Aisne).
Saint-Maximin (Oise).
Marly-la-Ville (Seine-et-Oise).
Méry (Seine-et-Oise).
Savonnières (Meuse).

*Bancs royaux tendres, nº 7.*

Isle-Adam (Seine-et-Oise).
Méry (Seine-et-Oise).
Jouy-le-Comte (Seine-et-Oise).
Saint-Maximin (Oise).

Saint-Vaast (Oise).
Rousseloy (Oise).
Laigneville (Oise).
Vierzy (Aisne).

*Pierres tendres, vergelé, n° 8.*

Méry (Seine-et-Oise).
Parmain (Seine-et-Oise).
Saint Maximin (Oise).
Saint-Vaast (Oise).
Rousseloy (Oise.)
Vierzy (Aisne).
Laigneville (Oise), pierre grasse.
Carrière Saint-Denis (Seine-et-Oise).

Au n° 4 de taille, Vivières a été assimilé à Laversine; au n° 7, Isle-Adam à l'Abbaye-du-Val; au n° 8, Vierzy a été ajouté comme vergelé, et Carrières Saint-Denis, à titre de pierre très recherchée par suite de la modicité de son prix, pour les maisons à bon marché.

*Groupe des carrières par région.* — Pour faciliter l'étude des carrières dont ces différentes pierres sont les produits, nous les avons groupées par région.

**BOURGOGNE**

Comblanchien-Corgoloin.
Belvoye.
Ravières.
Larrys du bief.
Anstrude.

**LORRAINE**

Euville.
Lérouville.
Savonnières.

AISNE

Vivières.
La Ferté-Milon.
Vierzy. — Vauciennes. — Largny. — Ressons.

OISE

Tessancourt.
Damply.
Saillancourt.
Saint-Maximin.
La Sablière. — Marly-la-Ville.
Isle-Adam.
Parmain. — Jouy-le-Comte.
Méry.
Saint-Vaast.
Rousseloy.
Laigneville.
Carrières-Saint-Denis.

SEINE-ET-MARNE

Souppes.

BOURGOGNE

Les pierres de Bourgogne peuvent être divisées en deux catégories : celles qui doivent être taillées sur place et celles qui ne doivent être qu'ébauchées.

La première catégorie comprend les pierres de Comblanchien (Côte-d'Or) et de Belvoye (Jura);

La seconde, les pierres de Ravières, de Larrys du Bief et d'Anstrude (Yonne).

*Carrières de Comblanchien.* — Cinq carrières sont ouvertes sur le même flanc du coteau: celle de M. Peretmère, celle de M. Pagani, deux carrières de M. Lagny et la carrière de M. Civet.

Les terrains sont donnés à bail par la commune et l'État. Seul, M. Lagny a une carrière qui lui appartient en toute propriété.

La hauteur de masse est de 15 mètres. L'épaisseur du découvert varie de 4 à 8 mètres.

La production annuelle des cinq carrières réunies est de 6,000 mètres cubes.

Dans toutes ces carrières, il se trouve une faille qu'il faut traverser pour retrouver la masse.

A la carrière de M. Peretmère, qui est la première, l'épaisseur de cette faille n'était que de 10 mètres, à la carrière de M. Pagani, elle a été de 20 mètres et à la carrière que M. Lagny exploite au fortage, elle a atteint 30 mètres. Elle sera de 40 mètres environ à la carrière dont il est propriétaire. Chez M. Civet, l'épaisseur de la faille aura au moins 80 mètres et c'est pourquoi, il est réduit à exploiter les bancs inférieurs.

Les carrières de MM. Peretmère et Pagani et les deux carrières de M. Lagny peuvent produire ensemble 3.000 mètres cubes de pierre par an, dont 1/6 de Corgoloin.

Il y a tout intérêt à tailler la pierre, au lieu de l'ébaucher comme on le fait aujourd'hui. La taille compense l'ébauche. Mais il faut la tailler sur place, sous des auvents mobiles, attendu que chaque déplacement de la pierre augmente le prix de revient dans la proportion de 5 francs par mètre cube.

Toutes les pierres sont transportées sur essieux à la station de Corgoloin, qui se trouve à une distance moyenne de 3 kilomètres.

Le prix de revient de la pierre taillée et posée à Paris, est de 135 francs pour le Corgoloin et de 125 francs pour le Comblanchien, par mètre cube.

*Carrière de Belvoye.* — Il existe à Belvoye deux carrières :

L'une appartient à la Société des Mines d'Arni, qui en met en œuvre tous les produits dans sa magnifique usine pour le traitement des pierres compactes susceptibles de poli et des marbres d'Italie et des Pyrénées ;

L'autre est à M. Javelle.

La surface de terrain restant à exploiter est de 7 h. 61 ares.

La hauteur de masse est uniformément de 12 mètres, sur lesquels il se trouve un banc fendillé de 1$^m$,50 d'épaisseur, qui sert à faire du moellon et de la pierre de petit appareil.

Le front de masse présente un développement de 300 mètres.

Il y a un peu d'eau dans le fond des fouilles ; mais, pour l'épuiser, il suffit de faire marcher une fois par semaine, pendant quelques heures, une pompe mue par une locomotive de 4 chevaux.

L'exploitation de cette carrière devrait être conduite par abatage, ce qui permettrait de tailler la pierre sur place sous des auvents mobiles et de la monter toute taillée à l'aide des grues à roue, pour la charger en voiture, au lieu de continuer à la monter brute pour la tailler sur une plate-forme supérieure.

Il serait très facile de porter la production annuelle de 1,000 à 1,500 mètres cubes de pierres.

Rien ne se perd dans cette carrière. Les moellons sont employés en enrochements, perrès, etc. Les déchets de pierre et les résidus de taille servent à l'empierrement des routes.

Il est vrai que la carrière de M. Javelle est dans une situation privilégiée. Elle se trouve sur le bord même du canal et à 2 kilomètres seulement de distance de la station de Tavaux.

Le prix de revient par mètre cube de la pierre de Belvoye, taillée et mise en place à Paris, est de 125 francs.

Il nous a été déclaré par M. Violet, directeur des Mines d'Arni, que la plus grande partie de la production de cette carrière serait achetée par son usine, qui lui assure ainsi un débouché important.

D'un autre côté, la Société nouvelle recevra de la Société des Mines d'Arni, une commission pour les affaires qu'elle procurera à cette dernière en pierre de Belvoye.

*Carrières de Ravières.* — Les carrières de Ravières sont le centre d'exploitation le plus important comme roche et le plus riche comme masse après la Lorraine. La pierre y est plus fine et d'une résistance aussi grande, mais elle est utilisée à des emplois différents par suite de la finesse de son grain et de sa blancheur de ton.

Les carrières de Ravières sont au nombre de deux, dans la commune de Ravières. L'une appartient à M. Peretmère, l'autre, à MM. Quesnel et Chalant. Sur le même coteau, il existe trois autres carrières plus éloignées, appartenant à MM. Cauchois, Loret et Giraudier ; mais elles sont situées sur le territoire de la commune de Cry et ne peuvent être expédiées que par bateau.

La production annuelle de toutes ces carrières réunies est de 12,000 mètres cubes.

A Ravières, la hauteur de masse est de 16 à 18 mètres et le découvert, de 6 à 10 mètres.

M. Bélier avait compris, dans ses offres de vente, la carrière de MM. Quesnel et Chalant avec lesquels il exploite, en participation, ses carrières de Méry. Mais depuis notre visite à Ravières, MM. Quesnel et Chalant nous ont écrit qu'ils ne voulaient pas vendre.

Il y aurait d'autant moins d'intérêt à acheter la carrière Quesnel et Chalant que celle de M. Peretmère, qui est dans des conditions semblables, peut suffire à tous les besoins.

Une acquisition qu'il vient de faire en vue d'exploiter les bancs inférieurs permettra, en effet, de doubler, sans augmentation de découvert, la production annuelle qui est aujourd'hui de 3,000 mètres et de la porter tout au moins à 5,000.

Cette carrière est située à un kilomètre d'un port très important sur le canal de Bourgogne, qui est pourvu d'une grue de chargement et à 2 kilomètres de la station de Nuits-sous-Ravières.

Le prix de revient du mètre cube au lieu d'emploi à Paris est de 56 francs.

*Carrière de Larrys-du-Bief.* — A la suite des carrières de Cry, se trouve, sur la même commune, la carrière de Larrys-du-Bief que M. Peretmère exploite au fortage.

La hauteur de masse est de 6 à 8 mètres, et celle du découvert de 4 à 6 mètres.

La nature de la pierre se rapproche de celle de Ravières. Mais elle contient moins de stries, elle est plus dure et plus résistante.

L'exploitation actuelle assure une production de 1,000 mètres cubes par an.

Le transport se fait sur essieux, au canal de Bourgogne. La pierre y est mise en dépôt sur un port qui appartient à M. Peretmère. Le parcours est de 500 mètres.

Le prix de revient du mètre cube au lieu d'emploi à Paris est de 60 francs.

*Carrière d'Anstrude.* — La carrière d'Anstrude est située à 12 kilomètres de celle de Ravières et sur le coteau opposé.

Elle appartient à M. Peretmère.

La hauteur de masse est de 5 à 6 mètres. L'épaisseur du découvert n'est que de 2 à 3 mètres.

La production est de 500 mètres cubes par an.

Bien qu'elle soit classée à la série, au n° 4 de taille, la pierre d'Anstrude n'en est pas moins une roche très dure. Elle est d'une teinte grise. Elle s'emploie plus particulièrement dans le socle des monument publics. Le socle de l'Opéra a été fait, en partie, en pierres d'Anstrude.

Le transport se fait, sur essieux, à la station d'Aisy ou au port d'Aizy sur le canal de Bourgogne, à une distance de 10 kilomètres.

Le prix de revient du mètre cube au lieu d'emploi à Paris est de 58 francs.

## LORRAINE

*Carrières d'Euville.* — Les carrières d'Enville sont au nombre de trois, dont l'une (La Sabliére) appartient en toute propriété à M. Civet et C\ie,

Les deux autres en location de la commune d'Euville, sont exploitées la première par M. Civet, la seconde par MM. Violet et Gautier.

La production annuelle de ces trois carrières est de 25,000 mètres cubes.

A la carrière de M. Violet, la hauteur de masse est de 16 à 20 mètres et celle du découvert de 2 à 10 mètres suivant l'inclinaison dn plateau.

Le front de carrière présente un développement de près de 350 mètres.

C'est la carrière la plus belle comme masse et la plus riche comme qualité de pierre. On trouve dans les bancs 1/5 de pierre de marbrier et 4/5 de pierre ordinaire. Elle peut produire 10,000 mètres cubes par an.

Le transport se fait, par voiture, la à station de Commercy, ou au port du nouveau canal des Ardennes (canal de l'Est). La distance à parcourir pour aller à la voie de fer ou à la voie d'eau est de 6 kilomètres. Le prix est de 5 fr. 50 c. par mètre cube.

Le prix de revient du mètre cube au lieu d'emploi à Paris est de 70 francs.

. Toujours est-il que les carrières d'Euville paient 137,500 francs par an aux voituriers. Il y aurait un intérêt considérable pour le développement de l'exploitation des carrières et une très grande économie à construire un embranchement industriel à voie étroite avec une machine Winterhut comme moteur. La dépense de premier établissement, y compris le pont sur la Meuse et le matériel roulant, ne dépasserait pas 600,000 francs. Les frais d'exploitation peuvent être évalués à 25 francs par jour, soit pour 300 jours, 7,500 francs. En comptant 10 0/0 pour l'intérêt et l'amortissement et 2,500 francs par an pour l'entretien, on arriverait à une dépense de 70,000 francs, ce qui réduirait à 2 fr. 80, au lieu de 5 fr 50 c. le transport du mètre cube de pierre.

*Carrières de Lérouville*. — Elles sont exploitées à ciel ouvert soit comme propriétaire, soit au droit de fortage.

La production de ces carrières réunies est de 20,000 mètres cubes par an.

A la carrière de la Mésengère, qui est située sur l'autre versant du coteau de Lérouville et qui appartient à M. Gauthier, la hauteur de masse est de 15 à 20 mètres et celle du découvert, de 3 à 4 mètres.

La pierre de cette carrière se rapproche beaucoup de celle d'Euville et, pour cette raison, elle se vend à un prix supérieur de la pierre ordinaire de Lérouville.

Le seul inconvénient que présente la Mésengère, c'est d'être la plus éloignée du chemin de fer et du canal de navigation.

Les autres carrières de Lérouville ne produisent que de la pierre ordinaire.

La hauteur de masse est également de 15 à 20 métres. L'épaisseur du découvert, qui est de 6 à 7 mètres à la dernière carrière de M. Civet, se réduit à 2 mètres à celle de M. Péretmère.

Les deux carrières de M. Gauthier et celle de M. Péretmère peuvent donner facilement 8,000 mètres cubes par an. M. Péretmère peut en produire 4,000 avec sa seule carrière qui est sa propriété.

La carrière de M. Péretmère est la plus rapprochée de Lérouville. Il y aurait avantage à la raccorder au chemin de fer par une voie d'embranchement qui aurait à peine 200 mètres de longueur. La trés faible distance à parcourir pour aller à la station de Lérouville, ou au port du canal de la Marne au Rhin qui longe la voie ferrée, rend très facile l'écoulement des mœllons bruts et piqués et des pierres de petit appareil.

Le prix de revient du mètre cube de pierre au lieu d'emploi à Paris est en moyenne de 56 francs.

*Carrières de Savonnières.* — Ces carrières sont toutes situées sur le plateau que domine le bourg de Savonnières.

Il y a un assez grand nombre de petites exploitations. Mais, en dehors de l'exploitation de M. Pougnet, qui a dépensé des sommes considérables en frais d'installation, grues, puits de service; etc., et qui se borne à extraire la pierre fine, et de celle de M. Boller, qui a une galerie souterraine très étendue et qui se trouve obligé de créer une nouvelle sortie parce que sa voie primitive vient d'être interceptée par des éboulements de talus, les seules carrières importantes sont celles de M. Presson-Mangin.

Elles sont au nombre de 6, dont 4 en galerie et 2 à ciel ouvert. La surface de terrain restant à exploiter est de 6 h. 72. Cette surface est assez grande pour assurer à ces carrières un très bel avenir, sans avoir à craindre d'autres concurrences, attendu que M. Presson tient aujourd'hui toutes les sorties praticables et qu'il a acquis une série de parcelles de terre qui empêche tout développement possible des petites exploitations.

La hauteur du découvert est de 4 à 8 mètres. Celle de la masse, de 3 mètres à 3 m. 50 c., dont 1/3, en moyenne, de pierre fine pour marbrier et 2/3 de pierre ordinaire.

Les transports se font sur essieux, soit aux stations de Saint-Dizier, Euville et Chevillon, soit au port de Chamouilly sur le canal, à des distances qui varient de 18 à 22 kilomètres.

Lorsque le chemin de fer de Güe à Naix, avec le raccordement industriel pour les carrières dont le concessionnaire M. Brasseur, a pris la charge, sera livré à la circulation et il le sera dans le cours de l'année 1881, les frais de transport seront réduits à 7 francs par mètre cube de pierre.

Le prix de revient du mètre cube au lieu d'emploi à Paris est de 62 francs.

La production annuelle de M. Presson-Mangin est aujourd'hui de 2,500 à 3,000 mètres cubes. Avec le chemin de fer, elle deviendra tout naturellement de 4,000.

M. Pougnet et Boller vendent tous leurs produits en Belgique et en Allemagne. La Société pourrait leur faire une concurrence redoutable en prenant des agents à l'étranger, grâce aux autres natures de pierres qu'elle possède.

## AISNE

Les roches dures et tendres de l'Aisne ont formé l'approvisionnement de Paris pendant plus de 15 ans, à la suite de l'épuisement des carrières de la plaine de Montrouge.

Des roches dures, imitant celles de Bagneux, ont été extraites de différents points dans les environs de la forêt de Villers-Coterets.

Mais il n'en existe plus que quelques exploitations, notamment à Bonneuil, Vivières, et elles sont très peu importantes au point de vue de la production qui est, du reste, en rapport avec l'emploi de plus en plus limité de cette pierre de l'Aisne.

Du groupe des carrières de roches douces de la Ferté-Milon, Moloy, Silly et Mareuil, il ne reste plus qu'une exploitation sérieuse, celle de la Ferté-Milon.

La pierre tendre est très demandée. Les carrières qui la produisent sont encore assez nombreuses. Vauciennes, Largny, Vierzy et Ressons suffisent largement à tous les besoins.

*Carrières de Vivières.* — La carrière de Vivières appartient à M. Péretmère. Elle est exploitée en galerie souterraine. Sa hauteur de masse est de 1 m 50.

La pierre est une roche dure, similaire de celle de Laversine, (n° 4 de taille).

La production annnuelle est de 500 mètres cubes.

En cas de besoin, on trouverait facilement à acheter, dans les quelques exploitations qui existent encore, les quantités de roches dures qui pourraient manquer.

Le transport se fait, par voiture, à la station de Villers-Coterets, à une distance de 10 kilomètres.

Le prix de revient du mètre cube, au lieu d'emploi à Paris, est de 60 francs.

*Carrière de la Farté-Milon.* — La carrière de la Ferté-Milon est la propriété de Péretmère qui possède une surface de terrain très étendue. Elle est également exploitée en galerie souterraine.

La hauteur des masses est de 1 m. 60 c. Mais le banc de ciel qui, au dire des carriers, aurait 1 m. 50 c. d'épaisseur, parait susceptible d'être exploité; ce qui permettrait de donner à la carrière un nouveau développement très avantageux et de porter immédiatement sa production annuelle à 4,000 mètres cubes.

La pierre est une roche douce, très fine de grain; c'est du véritable Pargny.

Le transport se fait, sur essieux, au canal de l'Ourcq qui passe au pied de la carrière.

Le prix de revient au lieu d'emploi à Paris est de 40 francs par mètre cube.

Le vieux château de la Ferté-Milon, aux héritiers du prince de Condé, est la preuve vivante de la résistance de la roche de cette carrière et de la netteté avec laquelle elle conserve ses arêtes, pendant des siècles, malgré l'intempérie des saisons.

*Carrières de Vauciennes. Largny.* — Ces carrières sont situées près de Villers-Coterets. Leur exploitation remonte à une date déjà ancienne. L'une appartient à M. Péretmère et l'autre est louée. Elles sont exploitées en galerie souterraine.

La hauteur est de 6 à 7 mètres.

La pierre est du banc royal tendre similaire à celui de Vierzy.

La production annuelle est de 2,000 mètres cubes.

Le transport, se fait, par voiture, à la station de Villers-Coterets qui est à une distance moyenne de 5 kilomètres.

*Carrières de Vierzy.* — M. Péretmère exploite à Vierzy, en galerie souterraine, deux carrières qui sont appelées à un très grand avenir.

La hauteur de masse est uniformément de 6 mètres.

Bien que leur exploitation n'ait été reprise que depuis quelques mois, il n'est pas douteux que, dès l'année prochaine, la production des deux carrières atteindra 5,000 mètres cubes, dont 3,000 en banc royal et 2,000 en vergelé.

La première va être raccordée par une voie ferrée de 250 mètres de longueur avec la station de Vierzy, où la compagnie du chemin de fer établira une grue.

Le transport de la pierre de la seconde carrière continuera à se faire sur essieux à la station de Vierzy qui en est distante d'un kilomètre.

*Carrières de Ressons.* — Il existe à Ressons, près de Vic-sur-Aisne, deux carrières.

La carrière de la Cardonnette exploitée par M. Cardinaux et celle de Ressons exploitée par MM. Roche et Perrier.

La Cardonnette est la plus riche comme banc royal. Elle appartient en toute propriété à M. Cardinaux, qui a commencé l'exploitation à ciel ouvert et et la poursuit, depuis l'année dernière, en galerie souterraine.

La surface de terrain restant à exploiter est de 3 hectares.

La hauteur de masse est de 4 mètres, tout entière en banc royal tendre.

La pierre est assimilable à celle de Vierzy.

La production annuelle sera, dès l'année prochaine de 1,000 mètres cubes.

Le transport se fait, par voiture, au port de Jaulzy, à une distance de 6 kilomètres, en attendant qu'il puisse se faire par le chemin de fer de Soissons à Compiègne dont l'ouverture aura lieu dans les premiers mois de 1881.

La carrière de Ressons est exploitée au fortage, en galerie souterraine par MM. Borde et Perrier.

La hauteur de masse est de 7 m. 50 c., dont 3 mètres en banc royal tendre et 4 m. 50 c. en vergelé. Le banc royal peut être assimilé à celui de Vierzy. Le vergelé ne trouve à se vendre qu'à Vic-sur-Aisne ou dans les environs.

Le transport se fait, sur essieux, au port de Vic-sur-Aisne qui est distant de 2 kilomètres. Le banc royal sera seul à profiter de l'ouverture du chemin de fer de Soissons.

Le prix de revient, au lieu d'emploi de la pierre de Vierzy, comme celui des pierres de Vauciennes et de Ressons qui lui sont assimilées, est de 30 francs par mètre cube.

MM. Borde et Perrier avaient fait des propositions à M. Violet. Mais depuis, ils nous ont déclaré qu'ils demandaient un prix global, à forfait de deux millions de francs pour toutes les carrières qu'ils exploitent dans les départements de l'Aisne, de l'Oise et de Seine-et-Oise, sans avoir à justifier de la production annuelle de

chacune de leurs carrières et du prix de revient du mètre cube
de pierre. Dans ces conditions, il devenait d'autant plus impossible
de traiter avec MM. Borde et Perrier que de toutes leurs carrières, les
seules qui aient une valeur réelle, sont celles de Saint-Maximin
et que leurs prétentions sont tout à fait hors de proportion avec
les avantages restreints qu'on pourrait retirer de leur exploitation.

## OISE

*Roches très dures Tessancourt, Damply et Saillancourt.* — Les roches
très dures de Seine-et-Oise sont celles de la région qui sont plus
particulièrement recherchées par les ingénieurs pour les travaux
publics.

La préférence est toujours donnée aux pierres de Tessancourt,
de Damply et de Saillancourt.

Les carrières qui les produisent sont toutes situées dans le can_
ton de Meulan. Elles appartiennent en toute propriété à M. Quesnel père, qui les a affermées à son fils. Le bail ne prendra fin que
dans 14 ans.

MM. Quesnel père et fils sont d'accord pour traiter ; le 1er à
titre de propriétaire des carrières et le 2e à titre de fermier.

La carrière de Tessancourt se ressent du bouleversement qui
s'est produit dans le plateau à travers lequel elle est ouverte. Les
bancs s'inclinent avec une très grande pente et disparaissent pour
reparaître immédiatement après, avec la même hauteur et la même
inclinaison. C'est au point de vue géologique une des carrières les
plus curieuses à étudier.

La surface de terrain restant à exploiter est de 1 m. 50 c. Elle
se trouve réduite par l'emplacement du nouveau cimetière de la
commune de Tessancourt qui occupe une partie de la masse.

L'épaisseur du découvert est de 7 mètres.

La hauteur de masse est de 6 mètres.

Le front d'exploitation présente un développement de 100 mètres.

La production annuelle est de 300 métres cubes. Elle pourrait très facilement être portée à 500.

La carrière de Damply est située de l'autre côté de Meulan, en remontant la Seine.

La surface de terrain restant à exploiter est de 3 hectares.

La hauteur de découvert est de 8$^m$,50 dont 2$^m$,50 en liais avec lequel on fait du moellon et du vergelé de petit appareil qui se vendent pour les constructions de Meulan et des environs.

La hauteur de masse est de 5 mètres.

Le front de masse est de 300 mètres.

La production annuelle n'est que de 200 mètres cubes. Elle pourrait être doublée.

Bien que la pierre de Saillancourt soit portée à la série, sous le n° 5 de taille, elle est aussi riche en roche très dure que Tessancourt et Damply qui figurent sous le n° 3.

Cette carrière est située sur le coteau opposé à celui de la carrière de Tessancourt, à 4 kilomètres de plus de distance de Meulan.

La surface de terrain restant à exploiter est de 5 hectares.

La hauteur du découvert est de 8 à 10 mètres, dont 4 mètres en bancs de liais avec lesquels on fait, comme à Damply, du moellon et de la pierre de petit appareil dont le prix de vente compense à très peu près, ainsi qu'à Damply, les frais de découvert.

La masse, exclusivement formée de roche très dure, a une hauteur de 6 mètres.

Son front d'exploitation ne mesure pas moins de 600 mètres de développement.

La production annuelle, qui n'est aujourd'hui que de 2,500 mètres cubes, pourrait être portée, sans frais nouveaux, à 5,000 mètres.

Toutes les pierres de ces trois carrières devraient être tirées sur dimensions et taillées sur place, sous des auvents mobiles, comme les roches de Belvoye et de Comblanchien. La taille fera gagner l'ébauche qu'on leur donne aujourd'hui en carrière.

Le transport se fait, sur essieux, au port de Meulan sur la Seine, qui est pourvu d'une grue appartenant à M. Quesnel. La distance

3

du port pour les deux premières carrières est de 18 kilomètres et de 22 kilomètres pour la troisième.

Le prix de revient du mètre cube de pierre taillée et mise en place à Paris est de 85 francs. pour les pierres de Tessancourt et de Damply, et de 90 francs pour celles de Saillancourt.

*Roches dures et demi-dures Saint-Maximin.* — Les meilleures roches dures et demi-dures sont celles de Saint-Maximin (Oise).

Les carrières de Saint-Maximin donnent au-dessous du banc de roche dure, de la roche demi-dure et, au-dessous, de la roche douce, du banc royal et du vergelé.

La pierre de Saint-Maximin continue à être portée à la série de la ville de Paris, sans doute par suite d'une vieille habitude. Elle peut, en effet, être remplacée, avec avantage, comme roche dure et comme demi-dure et elle l'est en fait depuis longtemps, par les pierres de Bourgogne et de Lorraine qui sont plus résistantes et qui peuvent être vendues, avec bénéfice, à des prix inférieurs malgré la distance considérable qui les sépare de Paris, comme banc royal, par les carrières de l'Aisne et, comme vergelé, par les autres carrières de l'Oise et les carrières de Seine-et-Oise.

Les carrières de Saint-Maximin sont situées sur le plateau qui domine l'Oise entre Creil et Chantilly.

La hauteur de la masse exploitable est de 6 à 7 mètres. Les bancs ont de $0^m,75$ à 1 mètre de hauteur. Le banc supérieur est de la roche dure. Il a $0^m,80$ d'épaisseur, après déchet. Il est séparé, par un banc de libages de $0^m,25$ centimètres, de la roche demi-dure qui a $0^m,50$ d'épaisseur utile. Au-dessous, se trouve la pierre tendre, banc royal et vergelé, dont les bancs sont séparés eux-mêmes par des libages. Aussi, dans ces carrières, fait-on beaucoup de moellons.

La Compagnie du chemin de fer du Nord élargit sa tranchée en faisant payer un droit de fortage très élevé et en exigeant que les moellons lui soient abandonnés gratuitement. Il est vrai qu'en compensation des sacrifices qu'elle leur impose, les exploitants chargent directement leurs pierres en wagon.

En dehors de la tranchée du chemin de fer, il y a de nombreuses
carrières à Saint-Maximin : celles de MM. Letellier, Civet, Fou-
chard, Leblanc, Ouaché et Verdin, qui sont pour ainsi dire sur le
chemin de fer, et celles de MM. Borde et Perrier, qui sont à cheval
sur le chemin de fer et sur l'Oise.

Toutes ces carrières sont à ciel ouvert.

Le découvert qui n'est pas moindre de 8 à 10 mètres de hauteur
et dont l'enlèvement ne saurait être évalué à moins de 2 fr. 50 c.
par mètre cube, y compris le transport en dépôt, arrête le développement de l'exploitation et fait que la production annuelle est
peu considérable.

Bien que la pierre de Saint-Maximin ne soit pas une pierre indispensable pour la construction, il n'en est pas moins nécessaire
pour une Société, comme celle qu'il s'agit de former, d'en avoir
dans ses dépôts. Mais elle peut se dispenser d'en avoir une grande
quantité. 4 mille mètres cubes par année, des différentes natures
seraient largement suffisants.

C'est la production annuelle que M. Renoult obtient avec son
exploitation par puits. Il profite de ce mode d'extraction pour ne
tirer que la roche dure, la roche demi-dure et la roche douce. Il
fait du moellon avec le banc séparatif de libage.

Le terrain en exploitation appartient à M. Renoult. Sa contenance
est de 6 hectares 50 ares, dont moitié a été exploitée jusqu'à
3 mètres de hauteur de masse. Si plus tard, il était besoin d'avoir
une plus grande étendue de terrain, M. Renoult ferait l'abandon de
promesses de vente qu'on lui a consenties.

Avec ses cinq puits, on extrait par an 1,000 mètres cubes de
roche dure, 500 de roche demi-dure et 500 de roche douce. En con-
tinuant l'exploitation jusqu'à épuisement de masse, on pourrait
extraire en même temps 1,000 mètres cubes de banc royal et 1,000
de vergelé.

Le transport se fait par voiture à la station du chemin de fer.
Les pierres sont déposées sur le quai de chargement qui se trouve
à hauteur des wagons. Il coûte 2 francs par mètre cube.

Le prix de revient du mètre cube au lieu d'emploi à Paris est pour la roche dure de 45 francs, demi-dure 40 francs, roche douce 35 francs, de banc royal 32 francs, de vergelé 30 francs.

*Roches douces ou bancs francs Marly-la-Ville et Méry.* — En dehors des pierres de Saint-Maximin, les roches douces de la région, qui sont les plus demandées, sont celles de Marly-la-Ville et de Méry (Seine-et-Oise).

La carrière de Marly-la-Ville donne la demi-roche ou banc franc.

Les carrières de Méry donnent du banc franc, du banc royal et du vergelé.

*Carrières de la Sablière de Marly-la-Ville.* — Il existe à Marly-la-Ville deux carrières qui sont exploitées en participation avec M. Peretmère.

M. Peretmère n'apporte à la Société que sa participation.

La première est exploitée par galerie souterraine. On en n'extrait que le banc supérieur qui a 1 mètre de hauteur et qui est exclusivement formé de pierre fine dite de la Sablière, inscrite à la série sous le n° 1 de taille. Au-dessous de la pierre de la Sablière, se trouve un banc franc de $0^m,90$ qu'on n'exploite pas quant à présent.

La seconde qui est à 500 mètres de distance de la première est exploitée par puits surmontés d'une grue à roue mise en mouvement par un manège à cheval. La hauteur de masse est la mème, mais on ne tire que le banc franc.

La pierre de Marly-la-Ville est très recherchée pour les travaux décoratifs, perrons, vestibules, frontons, etc.

La production de ces deux carrières est de 1,500 mètres cubes par an.

Le transport se fait, par voiture à la station de Survilliers, à 4 kilomètres.

Le prix de revient du mètre cube de pierre à Paris est de 53 francs.

*Carrières de Méry.* — Les carrières de Méry sont situées sur le plateau de Méry qui domine la rivière d'Oise.

Elles sont exploitées par M. Bélier qui est propriétaire du sol, en participation avec MM. Quesnel et Challant. Cette participation date du 1ᵉʳ mars 1878. D'après la déclaration de M. Bélier, elle devra prendre fin le 31 décembre 1880.

Les deux carrières les plus importantes sont celles de Saint-Paul et de la Bonneville. Elle sont toutes deux exploitées en galerie souterraine.

La carrière de Saint-Paul n'a été ouverte qu'en 1877. La surface de terrain restant à exploiter est de 85ʰ 87ᵃ.

La hauteur moyenne de la masse est de 4ᵐ,85. Le banc franc y entre pour 1/25, le banc royal pour 20/25 et le vergelé pour 4/25.

Le déchet de l'extraction est de 50 0/0, dont il est retiré 25 0/0 de moellons, qui donnent un certain bénéfice.

La production actuelle est de 5,000 mètres cubes de pierre par an.

Le transport des pierres et des moellons se fait sur rails à partir du front de masse jusqu'à la station de Méry. A cet effet, il a été établi un chemin de fer à la voie de 0ᵐ,60, avec plan incliné sur lequel les charriots-wagons sont montés au niveau du terrain supérieur, à l'aide d'un treuil mis en mouvement par un manège à cheval. Ce chemin de fer est prolongé jusqu'au quai d'embarquement.

La carrière de la Bonneville n'a été acquise par M. Bélier qu'à la fin du mois de juillet de l'année 1878. La surface de terrain restant à exploiter est de 13ʰ 46ᵃ.

La hauteur de masse est uniformément de 6ᵐ,20. Elle est divisée en 7 bancs de 0ᵐ,60 à 1ᵐ,25 d'épaisseur. La proportion de banc franc, de banc royal et de banc vergelé est la même qu'à la carrière de Saint-Paul.

Le déchet d'extraction n'est que de 40 0/0. Il produit 20 0/0 de moellons, dont le bénéfice est d'autant plus réduit qu'il faut le conduire à l'Oise par voiture. Le transport de la pierre sur essieux à la station de Saint-Ouen-l'Aumône grève chaque mètre cube de

5 francs. Aussi, en attendant que la carrière de Bonneville puisse être réunie à celle de Saint-Paul, ce qui lui permettra de bénéficier de la voie ferrée et du plan automoteur, l'extraction est restreinte à 3,000 mètres cubes par an. Quand la réunion des deux carrières sera faite, leur production totale annuelle sera facilement portée à 10,000 mètres cubes, dont 400 mètres de banc franc, 8,000 de banc royal et 1,600 de vergelé. Pour hâter la réunion de ces deux carrières, M. Bélier a proposé de faire des puits intermédiaires pour multiplier les points d'attaque, tout en tirant de la pierre qui serait conduite par voie de fer sur le sol à la gare de Méry. Le percement serait fait en moins d'une année et l'économie de 4 francs de transport serait réalisé sur la pierre extraite.

Il existe sur le territoire de Méry deux autres carrières; la carrière des Roches et la carrière du Ru-de-la-Garenne.

Ces deux carrières sont exploitées, au fortage, en galerie souterraine, par M. Bélier.

La première parait complètement épuisée.

La seconde qui, il y a vingt ans, a donné des bénéfices considérables, avait été abandonnée en 1872. C'est seulement depuis six mois qu'elle a été reprise. Le bail a encore cinq ans de durée. La surface de terrain restant à extraire est plus que suffisante pour l'exploitation jusqu'à la fin du bail.

La hauteur de masse est de 4$^m$,95. Le banc franc est séparé du banc royal par une couche glaiseuse de 0$^m$,65 d'épaisseur.

Le déchet d'extraction est de 40 0/0. Il donne 20 0/0 de moellons à conduire à l'Oise par voiture.

La production annuelle sera, dès 1881, de 2,500 mètres cubes dont 100 de banc franc, 2,000 de banc royal et 400 de vergelé.

Le transport de la pierre se fait, sur essieux, à la station de Saint-Ouen-l'Aumône dans les mêmes conditions qu'à la Bonneville.

Le prix de revient du mètre cube de pierre, de Méry au lieu d'emploi à Paris, est pour le banc franc de 36 francs,

pour le banc royal et vergelé, de 34 francs.

Quant à la carrière de Mériel située sur le territoire de la Commune de Mériel et appartenant à M. Belier, elle paraît justifier le parti qu'on a pris de renoncer, tout au moins pour le moment, a son exploitation.

*Bancs royals tendres, l'Isle-Adam, Jouy-le-Comte, Parmain, Saint-Vaast, Rousseloy et Laigneville.* — En dehors de Saint-Maximin et Méry, il reste dans la région, comme produisant les meilleurs bancs royals tendres, les carrières de l'Isle-Adam et de Jouy-le-Comte-Parmain (Seine-et-Oise) et les carrières de Saint-Vaast-les-Mello, Rousseloy et Laigneville (Oise) qui donnent en même temps du vergelé, et, la dernière, de la pierre grasse.

*Carrières de l'Isle-Adam.*— Les carrières de l'Isle-Adam sont situées sur le territoire de la commune de Nogent, près l'Isle-Adam.

La plus importante est celle de l'Isle-Adam exploitée par M. Cardinaux. Vient en seconde ligne la carrière de M. Girolle exploitée en participation avec M. Peretmère.

Les pierres de ces deux carrières se chargent à la station de l'Isle-Adam ou au port sur l'Oise. La distance à parcourir sur essieux est de 2 kilomètres pour les deux carrières.

La carrière de l'Isle-Adam est exploitée au fortage par galerie souterraine dans la forêt de l'État. M. Cardinaux nous a déclaré que son bail, qui expirait en 1882, venait d'être prolongé de neuf ans.

La hauteur de la masse est de 2 mètres, toute en banc royal.

La production est de 3,500 mètres cubes par an.

M. Girolle vend sa pierre à M. Peretmère. Elle est exploitée souterrainement et à ciel ouvert.

La hauteur de la masse est de 6 mètres.

La pierre est exactement la même que celle de M. Cardinaux; mais les bancs varient de hauteur.

La production annuelle est de 1,000 mètres cubes.

Le prix de revient du mètre cube, au lieu d'emploi à Paris, est de 45 fr. 50 c.

*Carrières de Jouy-Parmain.*— Sur le plateau opposé en face de l'Isle-Adam, il existe plusieurs carrières qui sont situées sur le territoire des communes de Parmain et de Jouy-le-Comte.

M. Peretmère exploite trois de ces carrières; il est propriétaire de deux et de compte à demi pour la première.

La première, sur le versant du côté de la route de Nesles, n'est ouverte que depuis quelques mois. Le banc de masse est à gauche; sa hauteur est de 4 mètres à 4ᵐ,50.

Les deux autres sont sur le versant opposé à cette route. Elles sont exploitées l'une à ciel ouvert et l'autre souterrainement.

La hauteur de masse est la même.

La pierre de ces deux carrières est du banc royal, de teinte blanche et de ton fin et uniforme, dont l'emploi est prescrit souvent à Paris.

Elle se charge à la station de l'Isle-Adam ou au port de Jouy qui appartient à M. Peretmère. Le transport des pierres est très facile à la rivière, mais il est très difficile au chemin de fer. En réunissant la première et la dernière de ces carrières, de manière à avoir, pour sortie unique, la sortie de la première, on éviterait la rampe de la route de Jouy avec sa forte déclivité et ses courbes à petits rayons. La distance à parcourir sur essieux est de 2 à 3 kilomètres, suivant que les pierres emploient la voie d'eau ou la voie ferrée.

Le prix de revient, au lieu d'emploi à Paris, est de 32 francs par mètre cube.

*Carrières de Saint-Vaast et de Rousseloy.* — Les carrières de Saint-Vaast sont situées sur le plateau qui domine la rive gauche du Thérain et qui est compris entre la gorge de Follemprise et la gorge de Montataire. Ce plateau est bordé par le chemin de fer de Beauvais. Son étendue mesure 1,500 hectares.

La richesse des carrières est inépuisable. Elles produisent, en moyenne, 50,000 mètres cubes de pierre.

La hauteur du découvert varie de 4 à 10 mètres; celle de la masse est de 10 à 15 mètres, dont 5 à 6 mètres en banc royal et vergelé à grain fin, et le reste en vergelé ordinaire.

Ces carrières sont au nombre de 5 qui, en remontant le ruisseau se présentent dans l'ordre suivant :

La carrière de Magenta à M. Péroche

Les carrières de Saint-Vaast-les-Mello à MM. Lemaire, Civet et Baillon.

Ces 4 carrières, dont l'exploitation remonte à près de 40 ans, sont desservies par un embranchement de chemin de fer à voie étroite, à traction de chevaux, établi dans la vallée du Thérain, qui transporte les pierres à la station de Cramoisy. Chaque exploitant a sa grue sur cet embranchement industriel. Le prix de transport est de 1 fr. 80 c. par mètre cube, non compris la distance à parcourir, sur essieux, de la carrière à la grue, distance qui varie de 500 à 1,000 mètres.

La dernière carrière est celle qui a été ouverte dans le parc du château de Mello. Elle produit par an 2 à 3,000 mètres cubes de pierre que M. le baron Sellières vend à M. Civet. Mais il exige que les pierres portent l'indication de son nom et de sa demeure au château de Mello. Le transport se fait, par voiture, à la station de Cires-les-Mello.

M. Péroche est le seul qui ait fait par écrit des propositions de vente.

La carrière de Magenta présente un front d'exploitation dont le développement est de 250 mètres environ, y compris 50 mètres de retour. Elle est séparée de la grue de Solférino par une distance de 500 mètres.

La masse est en face de l'entrée de la carrière plutôt qu'à droite. La surface de terrain appartenant à M. Péroche et restant à exploiter est de 2 hectares 79 ares, sur lesquels il y a encore 50 à 60 mètres en profondeur. La plus grande partie est sur le côté droit qui est moins riche. Dans cette surface sont intercalées deux petites parcelles qui appartiennent à M. Lemaire. On arrivera facilement à les acquérir ou à les échanger. M. Péroche possède le long du chemin de sa carrière et dans la vallée du Thérain une étendue de terrains assez considérable pour recevoir tous les dépôts de craons qu'on aura à faire pendant plus de 30 ans. Le banc royal

a une épaisseur de 2^m,50. Le reste de la masse est en vergelé ordinaire, La carrière de Magenta peut donner par an 3,000 mètres
cubes de banc royal et 6,000 de vergelé. Elle est moins avantageuse,
comme proportion de banc royal, que les carrières à la suite. C'est
pourquoi on avait songé à la doubler de la carrière de M. Baillon
ou, à son défaut, de la carriére de M. Lemaire. Mais M. Baillon
ayant refusé de vendre et M. Lemaire ayant élevé des prétentions
absolument inadmissibles, nous avons dû rechercher s'il ne serait
pas possible de se passer d'une carrière du territoire de Saint-Vaast-
les-Mello.

On compensera la quantité de vergelé provenant de la carrière
de M. Péroche, avec les produits des carrières de Rousseloy et de
Flandre que M. Peretmère exploite au fortage. Ces deux carrières
sont exploitées en galerie souterraine, pour ne tirer que du banc
royal et le banc de vergelé fin. La carrière de Flandre n'est ouverte
que depuis 4 mois; mais celle de Rousseloy est en pleine exploitation. Elle produit 3,000 mètres cubes par an de banc royal et
1,000 mètres de vergelé de choix.

On augmentera les produits de la carrière de Magenta par ceux
de l'exploitation des deux carrières que M. Peretmère exploite également, au fortage, sur le plateau opposé, en face de Cires-les-Mello.
On trouve dans ce plateau la même nature de pierre et les mêmes
bancs qu'à Saint-Vaast. Ces deux carrières sont en partie à ciel
ouvert, en partie en galerie souterraine, ce qui permet d'y travailler
en toute saison. Ces deux carrières ne sont encore qu'à leur première période d'exploitation. Mais on est arrivé à la masse et l'on
sait sa hauteur. Ce sont des carrières de beaucoup d'avenir. Elles
sont susceptibles de prendre, dès aujourd'hui, avec des dépenses
relativement assez faibles, un développement suffisant pour complé-
ter la production de M. Péroche. Il serait facile d'extraire, dans
ces deux carrières, à partir de 1881, 6 à 8,000 mètres cubes de
pierre, dont moitié en banc royal et moitié en vergelé ordinaire. Il
y aurait un très grand intérêt à réunir le plus tôt possible les deux
carrières pour avoir, comme sortie unique, la voie de sortie de la
première qui est beaucoup plus rapprochée de Cires-les-Mello. On
économiserait ainsi 2 francs de transport par mètre cube.

Toutes les pierres de ces deux carrières et de celles de Rousseloy et de Flandre sont transportées, sur essieux, à la station de Cires-les-Mello.

De telle sorte qu'avec la carrière de M. Péroche et les carrières de M. Peretmère, on peut compter sur une production annuelle, en pierre de Saint-Vaast, de 9,000 mètres cubes de banc royal et de 7,500 de vergelé ordinaire, soit, en totalité, de 16,500 mètres cubes, c'est-à-dire au tiers environ de ce que produisent ensemble toutes les carrières de Saint-Vaast-les-Mello.

Le prix du mètre cube, au lieu d'emploi à Paris est, pour le banc royal de Saint-Vaast et Rousseloy, de 36 francs, et pour le vergelé, de 34 francs.

*Carrières de Laigneville.* — Sur le versant opposé de la gorge de Montataire, on rencontre la carrière de Montataire à MM. Borde et Benier, qui forme la transition entre le vergelé et la pierre grasse.

Mais c'est surtout en remontant la rivière de la Brèche que cette transformation est plus nettement accusée. Le banc royal est de même épaisseur qu'aux carrières de Saint-Vaast-les-Mello et la pierre est désignée sous le nom générique de pierres de Laigneville.

Il existe trois carrières en exploitation sur le territoire de la commune de Neuilly-sous-Cambronne. Elles sont toutes les trois exploitées au fortage.

La première, qui est la seule importante, est exploitée par M. Peretmère. Elle produit par an 4,500 mètres cubes, dont 3,000 en banc royal et 1,500 en pierre grasse.

Les deux autres, qui ne sont séparées de celle-ci que par le chemin vicinal de Liancourt et qui sont contiguës, sont exploitées l'une par M. Arsène Domar, l'autre par M. Cardinaux. Ces exploitants marchent à la rencontre l'un de l'autre. Ces carrières sont toutes deux épuisées sur les côtés. M. Domar ne trouve plus, en profondeur, que de la pierre à moellons. M. Cardinaux, qui est moins avancé, produit 500 mètres cubes de pierre grasse par an.

Le transport des pierres de Laigneville se fait, sur essieux, à la station de Liancourt à une distance de 6 kilomètres.

Le prix de revient du mètre cube, au lieu d'emploi à Paris, est de 34 francs.

*Carrières Saint-Denis.* — Les carrières de Houilles, commune de Houilles et celles de carrières Saint-Denis sont situées sur le plateau de Montesson dans la boucle formée par la Seine.

Les carrières de Houilles ont fait pendant 30 ans la fortune de leurs propriétaires. Elles s'exploitaient uniquement par des puits, surmontés de grandes roues de montage mises en mouvement par un manège à cheval. Elles sont aujourd'hui abandonnées en partie. On n'en extrait plus que du moellon.

La pierre des carrières Saint-Denis est de bien meilleure qualité qu'à Houilles. C'est la pierre démocratique par excellence, c'est-à-dire à bon marché.

Il existe 4 carrières qui sont exploitées par MM. Simonet, Susanne, Lacroix et Peretmère. Ces carrières appartiennent en toute propriété à leurs exploitants.

M. Simonet est le seul qui continue à exploiter par puits. L'ancien système de roue est remplacé par une grue.

Les trois autres exploitent en galerie souterraine, au moyen d'une voie de sortie qui, de la route, descend en tranchée dans la carrière jusqu'au fond de la masse.

La carrière la plus importante est celle de M. Peretmère ; une partie est exploitée, d'après l'ancien mode, avec puits à roue jusqu'à ce que la galerie souterraine puisse l'atteindre.

La surface de terrain restant à exploiter est de 4 à 5 hectares.

La hauteur de masse est de 4 à 5 mètres.

La production annuelle pourra être portée, dès l'année prochaine, à 4,000 mètres cubes.

Les déchets font du moellon de bel appareil.

Les transports se font par voiture jusqu'au lieu d'emploi à Paris.

Le prix de revient du mètre cube ou lieu d'emploi à Paris est de 27 francs.

## SEINE-ET-MARNE

*Carrières de Souppes.* — Pour terminer l'étude des pierres de taille, il ne nous reste plus que celles des carrières de souppes.

Les pierres de Souppes, près Château-Landon (ligne de Montargis) ont une certaine importance comme pierres taillées. Elle sont recherchées plus particulièrement par certains ingénieurs pour les travaux de navigation.

Les pierres de Comblanchien et de Belvoye viennent lutter avec avantage à Paris contre les pierres de Souppes pour les Travaux de l'Est de Paris et de la Haute-Seine. Les pierres de Tessancourt n'ont pas de rivales dans la Basse-Seine. La Société future n'aurait donc pas besoin, à la rigueur, d'exploitation à Souppes. Cependant, comme la pierre de Souppes peut, dans certains cas, être demandée, nous avons pensé qu'il pouvait être utile qu'elle prît un pied dans cette région et c'est, dans cet ordre d'idées, que nous avons examiné la carrière de M. Poitevin dont la vente était proposée.

Cette carrière a une surface de $2^h$ $26^a$.

La hauteur du découvert est de 6 mètres; celle de la masse est de $2^m$ 50.

Une fois en possession de cette carrière, on pourrait très facilement acheter à d'autres petits carriers le complément de pierres qui deviendrait nécessaire si on avait une fourniture importante à livrer.

Les pierres de Souppes doivent être taillées sur place, comme celles de Belvoye et de Comblanchien et celles de Tessancourt, Damply et Saillancourt.

Le transport se fait sur Essieux à la gare de Souppes ou au canal du Nivernais à 3 kilomètres de distance.

Le prix de revient du mètre cube taillé et mis en place à Paris est de **135 francs**.

## MEULIÈRE.

Comme complément des pierres de construction, la meulière se présente tout naturellement à l'esprit. Son usage segénéralise de plus en plus à Paris. Elle tend à remplacer le moellon. Elle est exclusivement employée aux travaux d'égout et de reservoirs d'eau et de gaz. L'entrepôt de Bercy, l'hôtel des postes, les églises, les mairies, les lycées, les maisons d'école, dont les projets vont être mis à exécution, exigeront des fournitures très considérables de meulière. Il n'est pas aujourd'hui de construction même privée dont le sous sol ne soit exécuté en meulière. La meulière est devenue un de éléments essentiels du bâtiment et, par celà même qu'elle en est la base, elle aura le plus souvent pour effet de déterminer l'entrepreneur à prendre, à la société qui l'en approvisionnera, tous les autres éléments qu'il trouvera réunis dans ses dépôts.

C'est sous l'empire de ces considérations que nous avons cru devoir comprendre la meulière dans notre groupe de pierres de consstruction.

*Carrières de M. Brière* — La plus grande exploitation de meulière est celle de M. Brière, dont les carrières sont situées dans les départements de Seine-et-Oise et de Seine-et-Marne.

En Seine-et-Marne, M. Brière possède deux carrières : l'une à Orgénoy près Ponthiery et l'autre à Bonlignost près Saint-Fargeau. L'une et l'autre sont exploitées au fortage. Le droit d'extraction a été acheté, à forfait, à un prix déterminé par hectare. Le terrain restant à exploiter est de $4^h$ $50^a$ environ ; et d'après le rendement des terrains contigus déjà exploités, on peut admettre qu'il y a encore 80.000 à 900,000 mètres cubes de meulière à extraire, ce qui répond à 20,000 ou à 25.000 mètres cubes par hectare, soit à $2^{mc}$ ou $2^{mc}500$ par mètre superficiel.

Mais l'exploitation principale est en Seine-et-Oise, sous la forêt de Sainte-Geneviève, et sous partie du territoire des Communes de Villemoisson, Morsang-sur-Orge, Sainte-Geneviève, et Viry-Chatillon, canton de Lonjumeau.

Cette exploitation se fait pour 1/10, sous des terres et bois appar tenant à M. Brière et pour 9/10, sous des terres et bois appartenan à des tiers. Il a acquis le droit d'extraction sous les terrains dont il n'est pas propriétaire, en payant un droit de fortage, soit à forfait, à raison de 6,000 francs à 9.000 francs par hectare, soit à raison de 0,75 fr. à 1,25 fr. par mètre cube extrait. Le rendement par hectare étant de 20,000 à 35.000 mètres cubes par hectare, le forfait est plus avantageux puisqu'il ne fait ressortir le droit de fortage qu'à 0,25 fr. à 0,45 par mètre cube.

Les carrières exploitées dans ces conditions sont, pour le fortage à forfait, d'une contenance de 6$^h$,50$^a$ et, pour le fortage au mètre cube, d'une contenance qui n'a pour limites que la durée d'un bail qui ne prendra fin que dans dix-huit ans.

Les terres et bois appartenant à M. Brière et sous lesquels l'exploitation n'est commencée que sur 10 hectares environ, car il a développé son extraction de préférence sur les terrains qu'il exploite au fortage, ont une étendue de 130 hectares d'un seul tenant, traversés sur 1,250 mètres de longueur par la Route départementale de Corbeil à Versailles et situés à 800 mètres de distance de la station d'Épinay-sur-Orge (chemin de fer d'Orléans).

L'extraction se fait par excavations isolées qu'on dirige en suivant la masse et qu'on remblaie par derrière, au fur et à mesure de son épuisement, avec le découvert de la partie en avancement. Les excavations se succèdent à des intervalles de 10 à 30 mètres. Il y a presque autant de trous différents que d'ouvriers.

La masse se trouve à des profondeurs excessivement variables; parfois à la surface du sol, parfois à 0$^m$,50 et jusqu'à 2 mètres au dessous. Son épaisseur est loin d'être uniforme. Sur certains points, elle n'a que 1 mètre d'épaisseur, sur d'autres 2 et 3 mètres, et quelquefois plus encore. On rencontre des excavations qui n'ont pas plus de 10 mètres d'ouverture et dans lesquelles, au dire des ouvriers, on aurait extrait jusqu'à 1,500 mètres cubes de meulière.

La pierre est de très bonne qualité. Elle est franche, rugueuse et assez propre. Elle contient relativement peu de caillasse.

La meulière extraite est déposée à proximité de chaque excavation. Il faudrait éviter de la mettre en avant de la masse. Puis elle est emmétrée à la hauteur de 1ᵐ,10, pour tenir compte des vides que l'agent de M Brière fait remplir le plus possible. Le mètre dix centimètres est payé, pour 1 mètre, aux carriers, aux emmètreurs aux chargeurs et aux voituriers. C'est ce qu'on appelle mètrer à l'usage du port.

No s croyons que le mode d'extraction appliqué par M. Brière est vicieux, en ce sens qu'il laisse la liberté à l'ouvrier, qui est à la tâche, de combler son excavation s'il trouve que la masse n'est pas assez rémunératrice et qu'il a pour effet de développer inutilement le champ d'exploitation, en laissant dans le sol des richesses perdues. Il nous semble qu'il serait préférable de remplacer les excavations isolées par une tranchée continue et d'extraire la masse jusqu'à épuisement, comme on le fait dans toutes les carrières à ciel ouvert.

Le transport au port d'embarquement de Châtillon sur la Seine se fait jusqu'à la route de Grigny par un chemin de fer, à la voie d'un mètre, desservi par une machine Brown à six roues couplées; et à partir de la route de Grigny, par voiture, sur un parcours de 2,500 mètres.

Des voies ferrées volantes, avec plaques tournantes, permettent d'amener, à traction de chevaux, les wagons jusqu'aux dépôts emmétrés et de les ramener chargés sur la grande voie de service.

Dans les parties où cette voie emprunte des terrains appartenant à des tiers, M. Brière a obtenu l'autorisation de les occuper en les affermant pour 20 ans; le bail a encore 18 ans de durée.

La longueur de l'embranchement industriel proprement dit et de ses embranchements est de 7,000 mètres environ; le nombre des wagons, de 35.

Ce changement de mode de transport à partir de la route de Grigny exige le déchargement des wagons, la mise en dépôt de la meulière sur le bord de cette route, et sa reprise pour la recharger en voiture. Pour éviter cette double manœuvre qui ne laisse pas que d'être onéreuse, il est indispensable de prolonger le chemin de fer jusqu'au port, ce qui permettra aux wagons d'arriver au bateau directement et sans rompre charge ; on économisera ainsi sur le prix de revient du mètre cube 1 fr. 25 c. au moins.

Il sera également avantageux de le prolonger en amont jusqu'à la station d'Épinay.

Les wagons actuels devront être remplacés par des wagons à bascule, versant debout.

Le service de transport par eau est assuré par 12 bateaux dont deux sont complètement neufs ; un remorqueur à vapeur et une grue à vapeur montée sur ponton à vapeur. Le remorqueur    encore chez le constructeur.

Pour transporter, au besoin, la meulière dans les chantiers, M. Brière a 20 chevaux et 14 moëllonnières, à Paris.

La production annuelle de M. Brière, est de 60 à 70 mille mètres cubes, avec le prolongement du chemin de fer jusqu'au port d'embarquement, elle atteindra 100,000 mètres cubes.

Le prix actuel de revient du mètre cube de meulière au lieu d'emploi dans Paris est de 10 frs. Il ne sera plus que de 8 fr. 75 c. quand les wagons cesseront de rompre charge.


## DEUXIÈME PARTIE


*Production annuelle des carrières réunies.* — De l'étude que nous venons de faire de chacune des carrières, il résulte que la production annuelle, d'après les rendements obtenus en 1879 et 1880 et sans autre majoration que celle qui sera la conséquence forcée de circonstances nouvelles, comme l'ouverture d'un chemin de fer, l'établissement d'une grue, la construction ou le prolongement d'un embranchement industriel, ou bien la conséquence naturelle d'amé-

liorations nécessaires apportées au service d'exploitation, doit être
évaluée, dès 1881, pour toutes les carrières réunies, à 98,000 mètres cubes de pierre de taille et à 100,000 mètres cubes de meulière.

Les 98,000 mètres cubes de pierre de taille se répartissent, par
nature de pierres, ainsi qu'il suit :

|  |  |
|---|---|
| Roches dures. . . . | 39.000 |
| Demi-roches . . . . | 10.500 |
| Bancs royals . . . . | 28.000 |
| Pierres tendres . . . | 20.500 |
| Total égal . | 98.000 |

De ces 98,000 mètres cubes de pierre de taille, quelle sera la
proportion employée dans Paris?

On peut admettre que les roches dures de Bourgogne y entreront
pour 4/5, soit pour . . . . . . . . . . . 9.350 m.
Celles de Lorraine pour 3/5, soit pour . . 10.800 —
Celles de l'Aisne pour 2/5, soit pour . . . 1.800 —
Et celles de l'Oise pour 1/5, soit pour . . 1.000 —

Total pour les roches dures . . 22.950 m. 22.950 m.

Les demi-roches de Lorraine pour 4/5, soit
pour . . . . . . . . . . . . . . . . . 3.200 m.
et celles de l'Oise pour 3/5, soit pour . . . 3.600 —

Total pour les demi-roches. . 6.800 m. 6.800 m.

Les bancs royals de l'Aisne et de l'Oise pour 3/4,
soit pour. . . . . . . . . . . . . . . . . . . . 21.000 m.
Et les pierres tendres de l'Oise pour 1/2, soit pour . 10.250 m.

Dans cette hypothèse le cube de pierre de taille à destination de Paris, ne serait que de. . . . . . . . . 61.000 m.

Ce qui correspond à la proportion des 2/3.

Les renseignements statistiques (1), qui nous ont été donnés, à la préfecture de la Seine, par le service de l'Octroi de Paris, pour les années 1875 à 1880, font ressortir, comme moyenne par an, à 161,000 mètres cubes l'entrée des pierres de taille dans Paris et à 165,000 mètres cubes l'entrée des moëllons et de la meulière.

On peut admettre que la meulière représente la moitié.

La Société qu'il s'agit de former se trouverait donc en état, avec les ressources qu'elle aurait à sa disposition, de pourvoir à plus du tiers de la consommation de Paris en pierres de taille et à plus des trois quarts de sa consommation en meulière.

*Bénéfice annuel de l'exploitation.* — Pour pouvoir comparer le prix de revient du mètre cube de pierre de chaque nature, pierre de taille et meulière, au prix de vente correspondant de la série officielle de 1880, nous avons dû établir ce prix de revient au lieu d'emploi à Paris, que les pierres n'y entrent que pour partie ou qu'elles n'y entrent même pas, comme celles de Tessancourt-Damply-Saillancourt (Seine-et-Oise) et celles de Souppes (Seine-et-Marne); et nous l'avons augmenté de la taille et de la pose pour les roches très dures qui sont inscrites à la série sous les numéros 1, 2 et 3 de taille et qui devront désormais être taillées sur place en carrière, la taille a été comptée à raison de 3 mètres superficiels par mètre cube.

De cette comparaison, il résulte que le bénéfice brut de 98,000 mètres cubes de pierre de taille et des 100,000 mètres cubes de meulière sera de 2,447,000 francs.

Pour avoir le bénéfice net, il faut déduire:

---

(1)

| Pierres de taille. | | Moëllons et meulières. | |
|---|---|---|---|
| 1875 | 93,637 | 1875 | 201,819 |
| 1876 | 114,885 | 1876 | 259,720 |
| 1877 | 189,667 | 1877 | 400,270 |
| 1878 | 175,321 | 1878 | 330,018 |
| 1879 | 232,081 | 1879 | 457,286 |

1° 20 0/0 sur 1,900,000 francs (1) de pierres taillées, soit Fr. 380.000

2° Et pour les frais généraux de la Société,

1 franc par mètre cube de pierre de taille fr. 98 000 ⎱
Et 0, fr. 50 c. par mètre cube de meulière    » 50.000 ⎰ Fr. 148.000

Soit. . . . Fr. 528.000

Ce qui assure à la Société, sur la vente des pierres de toute nature, un bénéfice net annuel de francs 1,919,300.

Il est une autre source de revenu dont il y a lieu de tenir compte, c'est celui que donnent les grues mobiles à vapeur qui servent au déchargement des bateaux et au rechargement des pierres sur voitures, pour les tiers. Le bénéfice à réaliser des 3 grues de M. Violet et de la grue de M. Peretmère peut être évalué à 50,000 francs par an.

Ces résultats sont détaillés dans le tableau suivant qui donne, pour chaque nature de pierres, le bénéfice correspondant.

(1)

$$500 \times 317 = 158.500 \text{ francs}$$
$$1.500 \times 257 = 385.500 \quad —$$
$$500 \times 245 = 122.500 \quad —$$
$$2.500 \times 266 = 665.000 \quad —$$
$$300 \times 218 = 65.400 \quad —$$
$$200 \times 200 = 40.000 \quad —$$
$$2.500 \times 79 = 447.000 \quad —$$

Total . . 1.903.900 francs, soit 1.900.000.

## ÉTAT GÉNÉRAL DES PIERRES

### BÉNÉFICE ET CUBE DE PIERRE DE CHAQUE NATURE, PAR ANNÉE

| PRIX série sans taille | DÉSIGNATION DES PIERRES | PRIX DE VENTE série | PRIX de REVIENT | BÉNÉFICE par M. C. | CUBE EXTRAIT par année | BÉNÉFICE TOTAL |
|---|---|---|---|---|---|---|
| fr.  c. | | fr.  c. | fr.  c. | fr.  c. | m.  c. | fr.  c. |
| | *Pierres n° 1.* | | | | | |
| 257 50 | Corgoloin | 317 » | 135 » | 122 » | 500 | 62.000 |
| | *Pierres n° 2.* | | | | | |
| 188 » | Souppes | 255 » | 135 » | 53 » | 500 | 26.000 |
| 200 » | Belvoye | 257 » | 125 » | 75 » | 1 500 | 112.600 |
| 209 » | Comblanchien | 265 » | 125 » | 74 » | 2.500 | 185.000 |
| | *Pierres n° 3.* | | | | | |
| 161 70 | Tessancourt | 218 » | 85 » | 76 » | 300 | 22.800 |
| 150 65 | Damply | 200 » | 85 » | 65 » | 200 | 13.000 |
| 122 05 | Saillancourt | 179 » | 90 » | 32 » | 2.500 | 80.000 |
| | *Pierres n° 4.* | | | | | |
| 136 05 | Larrys-du-Bief | 82 » | 60 » | 22 » | 1.000 | 22.000 |
| 158 75 | La Sablière-Marly | 101 » | 60 » | 41 » | 500 | 20.500 |
| 146 75 | Anstrude | 91 » | 58 » | 33 » | 500 | 16.500 |
| 144 80 | Saint-Maximin | 86 » | 45 » | 41 » | 1.000 | 41.000 |
| 157 20 | Laversine-Vivières | 96 » | 60 » | 36 » | 500 | 18.000 |
| | *Pierres n° 5.* | | | | | |
| 125 75 | Saint-Maximin (basse) | 75 » | 40 » | 35 » | 500 | 17.500 |
| 119 55 | — (haute) | 75 » | 40 » | 35 » | | |
| 114 60 | La Ferté-Milon | 66 » | 40 » | 26 » | 3.500 | 91.000 |
| 121 » | Ravières | 74 » | 56 » | 18 » | 6.000 | 90.000 |
| 160 30 | Enville (marbrier) | 106 » | 70 » | 36 » | 2.000 | 72.000 |
| 130 60 | — (ordinaire) | 82 » | 70 » | 12 » | 8.000 | 96.000 |
| 118 60 | Lérouville | 72 » | 56 » | 16 » | 8.000 | 128.000 |
| | *A reporter.* | | | | 38.500 | 1.112.800 |

Note (entre les colonnes PRIX DE VENTE et PRIX de REVIENT) : *Ces chiffres comprennent la taille et la pose.* — *Ces chiffres comp. la taille et la pose. Il est fait 20 0/0 de rem. à l'entr.*

| PRIX série sans taille | DÉSIGNATION DES PIERRES | PRIX DE VENTE série | PRIX de REVIENT | BÉNÉFICE par M. C. | CUBE EXTRAIT par année | BÉNÉFICE TOTAL |
|---|---|---|---|---|---|---|
| fr. c. | | fr. c. | fr. c. | fr. c. | | fr. |
| | | | Report . . . . . | | 38.500 | 1.112.800 |
| | *Pierres n° 6.* | | | | | |
| 98 35 | La Ferté-Milon . . . . . . . . . . | 56 » | 40 » | 16 » | 500 | 8.000 |
| 102 10 | Saint-Maximin . . . . . . . . . . | 59 » | 35 » | 24 » | 500 | 12.000 |
| 114 60 | Marly-la-Ville. . . . . . . . . . | 69 » | 53 » | 16 » | 1.000 | 16.000 |
| 105 85 | Méry . . . . . . . . . . . . . . | 62 » | 36 » | 26 » | 500 | 13.000 |
| 126 » | Savonnières . . . . . . . . . . . | 80 » | 62 » | 18 » | 4.000 | 72.000 |
| | *Pierres n° 7.* | | | | | |
| 103 20 | Isle-Adam et Marly (Moyenne). . . | 60 » | 45 50 | 14 50 | 4.500 | 64.000 |
| 93 10 | Méry. . . . . . . . . . . . . . . | 52 » | 34 » | 18 » | 10.000 | 180.000 |
| 93 10 | Jouy-le-Comte . . . . . . . . . . | 52 » | 32 » | 20 » | 1.000 | 20.000 |
| 88 05 | Saint-Maximin . . . . . . . . . | 48 » | 32 » | 16 » | 1.000 | 16.000 |
| 88 05 | Saint-Vaast-Rousseloy. . . . . . . | 48 » | 36 » | 12 » | 9.000 | 108.000 |
| 88 05 | Laigneville. . . . . . . . . . . | 48 » | 34 » | 14 » | 4.000 | 56.000 |
| 85 50 | Vierzy. . . . . . . . . . . . . . | 46 » | 30 » | 16 » | 3.000 | 48.000 |
| | *Pierres n° 8.* | | | | | |
| 79 85 | Méry . . . . . . . . . . . . . . | 43 » | 34 » | 9 » | 2.000 | 18.000 |
| 79 85 | Parmain . . . . . . . . . . . . . | 43 » | 32 » | 11 » | 2.000 | 22.000 |
| 79 85 | Saint-Maximin . . . . . . . . . . | 43 » | 30 » | 13 » | 1.000 | 13.000 |
| 79 85 | Saint-Vaast. . . . . . . . . . . . | 43 » | 34 » | 9 » | 6.500 | 58.500 |
| 79 85 | Rousseloy . . . . . . . . . . . . | 43 » | 36 » | 7 » | 1.000 | 7.000 |
| 77 30 | Laigneville. . . . . . . . . . . . | 41 » | 34 » | 7 » | 2.000 | 21.000 |
| 77 30 | Vierzy. . . . . . . . . . . . . . | 43 » | 30 » | 13 » | 2.000 | 26.000 |
| » | Carrières Saint-Denis . . . . . . . | 41 » | 27 » | 14 » | 4.000 | 56.000 |
| | | | | | 98.000 | 1.947.300 |
| | Meulière. . . . . | 15 » | 10 » | 5 » | 100.000 | 500.000 |

Total du bénéfice brut des pierres. . . . .     **2.447.300**

A déduire .

1° 20 0/0 sur 1,900,000 francs de pierres de taille . . . . . . .   380.000  ⎫

2° Frais généraux de la Société, 2 fr. par m. c. de pierre, 98,00 fr.   148.000  ⎬ 528.000

—     0 fr. 50 —    de meulière, 50,000 fr.  ⎭

Reste comme bénéfice net des pierres. . . .     **1.919.300**

A ajouter :

Grues de Paris, à raison de 1 fr. de bénéfice. Le prix est de
2 fr. 15, par mètre cube et la dépense de 1 fr. 15 en moyenne.     50.000

TOTAL des bénéfices annuels. . . . .     **1.969.300**

Le bénéfice brut des pierres se décompose, par nature de pierres, ainsi qu'il suit :

| DÉSIGNATION<br>DES NATURES DE PIERRE | CUBE<br>CORRESPONDANT A<br>CHAQUE NATURE | BÉNÉFICE BRUT<br>PAR NATURE DE<br>PIERRE | BÉNÉFICE MOYEN<br>PAR M. C. |
|---|---|---|---|
| | m. c. | fr. | fr. c. |
| Roches dures. . . . . . . . . . . | 39.000 | 1.130.800 | 28 » |
| Demi-roches . . . . . . . . . . . | 10.500 | 167.000 | 15 » |
| Bancs royals . . . . . . . . . . . | 28.00'ı | 428.000 | 15 » |
| Pierres tendres. . . . . . . . . | 20.500 | 221.500 | 10 50 |
| | 98.000 | 1.947.300 | » |
| Meul.ère. . . . . . . . . . . | 100.000 | 500.000 | 5 » |
| | Total égal . . | 2.447.300 | |

Il se répartit entre les exploitants, comme le fait ressortir le tableau suivant, dans lequel est indiqué, à la dernière colonne, la qualité de l'exploitant, pour chaque carrière, suivant qu'il est propriétaire du sol ou qu'il n'en est que le fermier, ou qu'il exploite la carrière en participation avec des tiers.

| NOMS des EXPLOITANTS | DÉSIGNATION des PIERRES | CUBE extrait ANNUELLEMENT | BÉNÉFICES d'après LA SÉRIE de 1880 | QUALITÉ des EXPLOITANTS |
|---|---|---|---|---|
| | | m. c. | fr. | |
| Bélier . . . . | Méry . . . . . . . . . . . . | 12.500 | 211.000 | Propriétaire en participation avec MM. Quenel et Challant. |
| Brière. . . . | Meulière. . . . . . . . . . | » | 500.000 | Propriétaire pour la plus grande surface, fermier pour l'autre. |
| Cardinaux . . | Isle-Adam . . . . . . . . . | | | Fermier. |
| | Ressons . . . . . . . . . . | 5.000 | 60.500 | Propriétaire. |
| | Laigneville . . . . . . . . . | | | Fermier. |
| Javelle . . . | Belvoye. . . . . . . . . . . | 1.500 | 112.500 | Propriétaire. |
| Lagny. . . . | Comblanchien. . . . . . . . | 1.500 | 100.000 | Propriétaire et fermier |
| Pagani. . . | — . . . . . . . . | 1.500 | 100.000 | Fermier. |
| Peroche . . . | Saint-Vaast . . . ' . . . . . | 9.000 | 90.000 | Propriétaire. |
| Poitevin. . . | Souppes . . . . . . . . . . | 500 | 26.000 | Propriétaire. |
| | Comblanchien . . . . . . . | » | | Fermier en participation avec M Lagny. |
| | Anstrude. . . . . . . . . . | 500 | | Propriétaire. |
| | Carrières-Saint-Denis . . . . | 4.000 | | Propriétaire. |
| | Marly-la-Ville. . . . . . . . | 1.500 | | En participation. |
| | Larrys-du-Bief . . . . . . . | 1.000 | | Fermier. |
| | Ravières . . . . . . . . . . | 5.000 | | Propriétaire. |
| Peretmère . . | Vivières . . . . . . . . . . | 500 | 728 000 | Propriétaire. |
| | La Ferté-Milon . . . . . . . | 4.000 | | Propriétaire. |
| | Lérouville . . . . . . . . . | 4.000 | | Propriétaire. |
| | Jouy-le-Comte-Parmain . . . . | | | |
| | Isle-Adam . . . . . . . . . | 4.000 | | Propriét. et acheteur. |
| | Saint-Vaast-Rousseloy. . . . . | 7.500 | | Fermier. |
| | Laigneville . . . . . . . . . | 4.500 | | Participation. |
| | Vierzy-Lagny . . . . . . . . | 5.000 | | Eermier. |
| Quesnel . . . | Tessancourt-Damply-Saillancourt | 3.000 | 115.800 | propriétaire. |
| Presson-Mangin. . | Savonnières . . . . . . . . | 4.000 | 72.000 | Propriétaire. |
| Renoult . . . | Saint-Maximin . . . . . . . | 4.000 | 99.500 | Propriétaire. |
| Violet. . . . | Euville. . . . . . . . . . | 10.000 | | Fermier en participation avec M. Gauthier |
| — . . . | Lérouville . . . . . . . . . | 4.000 | 232.000 | M. Gauthier propriétaire en participation avec M. Violet. |
| TOTAL . . . . . . | | 98.000 | 2.447 300 | |

# TROISIÈME PARTIE

*Service spécial de camionnage dans Paris.* — Si les grues sont indispensables à Paris aux ports de débarquement, il est un service qui en est le complément obligé. C'est le service du transport des pierres aux divers chantiers de construction.

Il est vrai que M. Peretmère fera apport de ses 15 chevaux et de ses 4 voitures à pierres et M. Brière, de ses 20 chevaux et de ses 14 moellonnières. Mais ces apports seront un appoint complètement insüffisant pour voiturer, aux lieux d'emploi, les 61,100 mètres cubes de pierre de taille et les 100,000 mètres cubes de meulière la Société recevra chaque année de ses carrières, *à destination de Paris*, par chemin de fer et par bateau, dans la période restreinte du mois de mars au mois de décembre.

Une Société de commerce de pierres ne saurait accepter d'être sous la dépendance de voituriers qui peuvent se mettre en grève et l'obliger de passer sous les fourches caudines d'une maison de camionnage. Il en est deux dans Paris, la Société de gros camionnage et M$^{me}$ Veuve Vitté, qui centralisent pour ainsi dire tous les transports. Si ces deux maisons venaient à fusionner, elles créeraient un monopole avec lequel il faudrait compter et qui pourrait coûter de 3 à 400,000 francs par an au commerce de pierre. Pour prévenir ce danger, le seul moyen est de se rendre acquéreur de l'une d'elles.

L'établissement Vitté, par cela même qu'il est un établissement privé, peut seul se prêter à une combinaison financière.

Il se compose de :

240 chevaux;

50 chariots, avec leurs agrès, pour le transport de la pierre de taille.

6

Et de 88 voitures de toutes sortes, camions suspendus, voitures charbonnières, tombereaux à terrasse, moellonnières, etc.

Il comprend une installation complète près de la gare de la Chapelle, avec écuries et grenier à fourrage, ateliers de charronnage, de bourrelerie et de maréchalerie.

Son organisation actuelle répond complètement au but que la Société doit chercher à atteindre pour assurer son service de transport dans Paris.

Avec de pareils moyens d'action on pourra livrer le chargement d'un bateau en une journée et approvisionner, dès l'ouverture de la campagne, les chantiers de toutes les pierres demandées par les constructeurs.

Les voitures et les chevaux continueront, au besoin, pendant l'hiver, leur service de transport des charbons, des terrassements, de l'enlèvement des neiges, qui fait ressortir le prix du collier à 10 francs en moyenne par jour.

Nous estimons que l'acquisition de la maison Vité ferait réaliser à la Société un bénéfice net de 100,000 francs par an.

Le bénéfice net de la pierre de taille, de la meulière et des grues, qui a été évalué, dans la deuxième partie de ce mémoire. à Fr.    1.969.300
se trouverait ainsi augmenté de. . . . . . . . . .    100.000

Ce qui le porterait à. . . . . . . . . . . . . Fr.    2.069.300

Soit 13 0/0 d'un capital de 15,000,000 de francs.

*Conclusions.* — Nous n'hésitons donc pas à conclure qu'avec des éléments aussi certains de revenus, la centralisation du commerce de pierre est une affaire qui est de nature à inspirer confiance aux capitaux de placement et à leur offrir les plus sérieuses garanties.

Paris, le 8 novembre 1880.

**P. DE PASSY,**

Ingénieur en chef des ponts et chaussées en retraite.

IMPRIMERIE CENTRALE DES CHEMINS DE FER. — A. CHAIX ET Cⁱᵉ, RUE BERGÈRE, 20, A PARIS. — 22500-9.

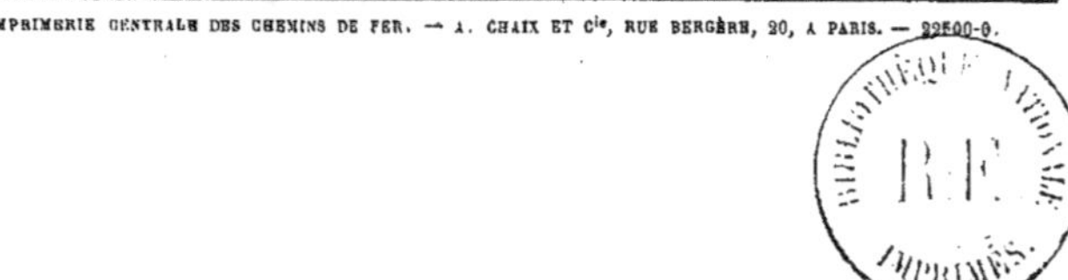